100
faszinierende Tatsachen

ALTES
ÄGYPTEN

Das Alte Ägypten

Mittelmeer

Alexandria · · Tanis
Nildelta
Giseh · · Memphis
Sakkara

El-Amarna ·

Tal der Könige · · Karnak
Theben

Luxor

· Assuan

UNTER-
NUBIEN

Abu
Simbel ·

OBER-
NUBIEN

Kerma · KUSCH

Rotes
Meer

Blauer
Nil

Weißer
Nil

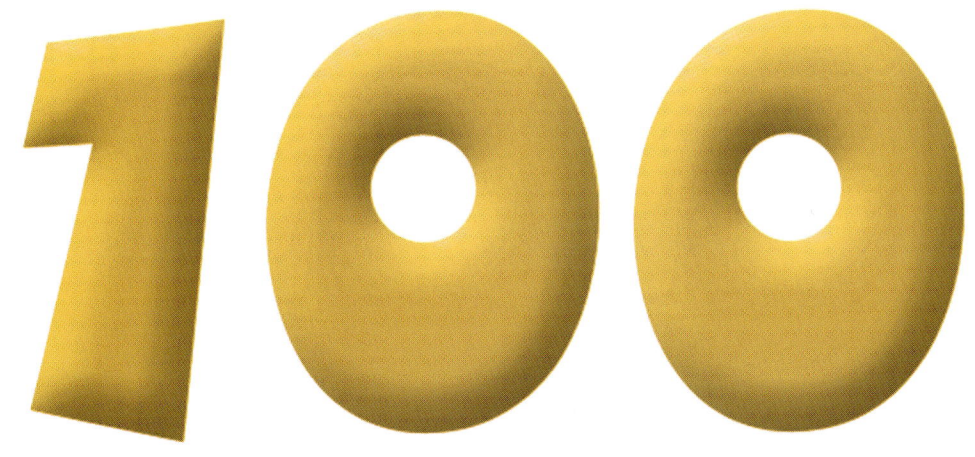

100
faszinierende Tatsachen

ALTES
ÄGYPTEN

Jane Walker

Berater: Richard Tames
Übersetzt von Wiebke Krabbe

DANKSAGUNG

Der Herausgeber dankt den folgenden Künstlern für ihre Mitarbeit
an diesem Buch:

Chris Buzer / Studio Galante   Andy Lloyd-Jones / Allied Artists
Mark Davis / Mackerel   Janos Marffy
Nicholas Forder   Roger Payne / Linden Artists Ltd
Mike Foster / Maltings Partnership   Eric Rowe / Linden Artists Ltd
Terry Gabbey / AFA   Martin Sanders
Luigi Galante / Studio Galante   Peter Sarson
Peter Gregory   Rob Sheffield
Brooks Hagan / Studio Galante   Francesco Spadoni / Studio Galante
Steve Hibbick / S.G.A.   Roger Stewart
Richard Hook / Linden Artists Ltd   Rudi Vizi
John James / Temple Rogers   Mike White / Temple Rogers

Cartoons von Mark Davies / Mackerel

ISBN 3-8212-2577-7
© by XENOS Verlagsgesellschaft mbH,
Am Hehsel 40, 22339 Hamburg
Satz: Rüdiger Mohrdieck
Die Originalausgabe erschien 2001 bei
Miles Kelly Publishing Ltd,
Bardfield Centre, Great Bardfield, Essex, CM7 4SL
unter dem Titel
100 things you should know about Ancient Egypt
Copyright © Miles Kelly Publishing 2001
Printed in Belgium

Inhalt

Das Herz des Alten Ägypten

1 **Ohne das Wasser des Nil hätte es die erstaunliche Zivilisation des Alten Ägypten vielleicht nie gegeben.** Der Nil brachte Wasser zum Trinken und zur Bewässerung der Felder. Jedes Jahr blieb nach dem Hochwasser ein Streifen fruchtbaren Schlamms an den Flussufern liegen. Nach diesem Schlamm nannten die Ägypter ihr Land „Kemet" – das bedeutet „schwarze Erde". Als wichtigste Wasserstraße war der Nil die Autobahn der Ägypter.

Mächtige Herrscher

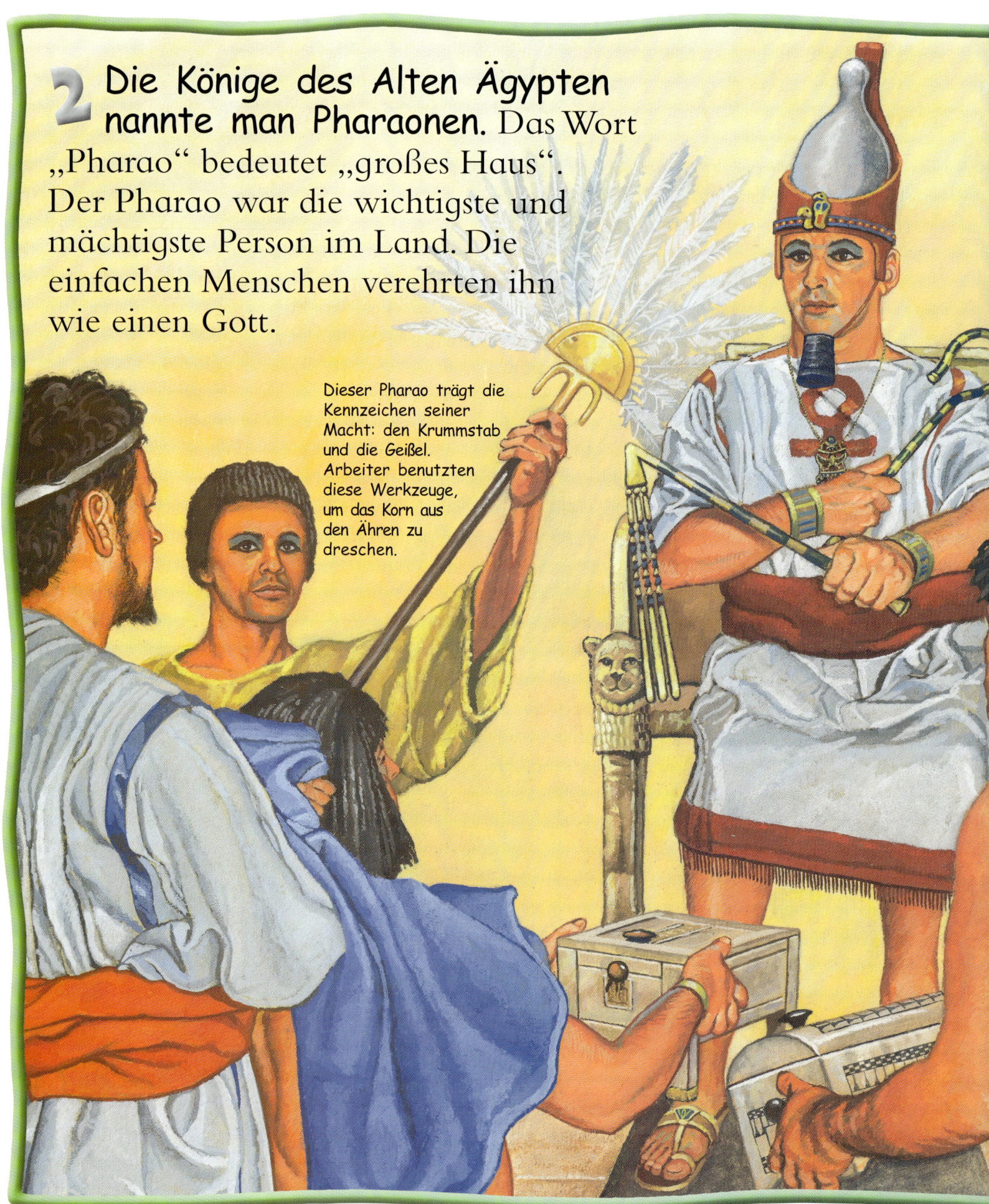

2 **Die Könige des Alten Ägypten nannte man Pharaonen.** Das Wort „Pharao" bedeutet „großes Haus". Der Pharao war die wichtigste und mächtigste Person im Land. Die einfachen Menschen verehrten ihn wie einen Gott.

Dieser Pharao trägt die Kennzeichen seiner Macht: den Krummstab und die Geißel. Arbeiter benutzten diese Werkzeuge, um das Korn aus den Ähren zu dreschen.

3 **Ramses II. regierte mehr als 60 Jahre lang.** Er war der einzige Pharao, der neben seinem Namen den Titel „der Große" trug. Ramses war ein großer Baumeister und ein mutiger Feldherr. Außerdem war er der Vater von sehr vielen Kindern: 96 Jungen und 60 Mädchen. Stell dir einmal vor, 155 Geschwister zu haben!

Diese Menschen zahlen dem Pharao Tribut. Sie sind aus umliegenden Ländern gekommen, bringen dem Herrscher Geschenke und sagen ihm, wie großartig er ist.

4 **Oft heiratete ein Pharao eine enge weibliche Verwandte, etwa seine Schwester oder Halbschwester.** So blieb das Blut der königlichen Familie rein. Der Titel „Pharao" wurde normalerweise an den ältesten Sohn der Hauptfrau des Pharaos weitergegeben.

KAUM ZU GLAUBEN!

Zu besonderen Anlässen trugen die Frauen am Hof einen Kopfschmuck aus Tierfett, Gewürzen und Kräutern. Das schmelzende Fett floss über ihren Kopf, ließ die Haare duften – und fettig werden.

Eine lange Geschichte

5 Über 30 verschiedene Dynastien regierten das Alte Ägypten. Eine Dynastie ist eine Reihe von Herrschern aus der gleichen Familie.

6 Vor mehr als 7000 Jahren zogen die ersten Menschen aus Zentralafrika nach Ägypten. Sie bauten Siedlungen an den Ufern und am Delta des Nil. Aus diesen Siedlungen entstanden die beiden Königreiche Oberägypten (Niltal) und Unterägypten (Nildelta).

Krone Unterägyptens Krone Oberägyptens

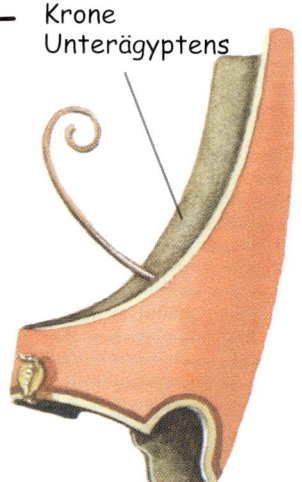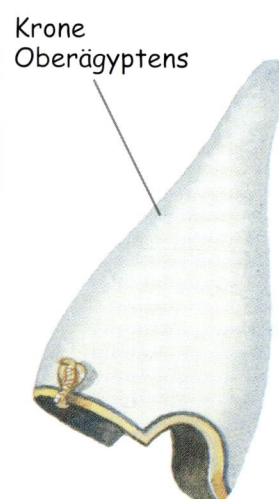

▲ Die ägyptische Doppelkrone bestand aus zwei Kronen: der offenen roten Krone Unterägyptens und der flaschenförmigen weißen Krone Oberägyptens.

▼ Diese Zeitskala zeigt die Dauer verschiedener Dynastien des Alten Ägypten. Die Abkürzung v. Chr. bedeutet vor Christi Geburt. Unsere heutige Zeitrechnung beginnt mit dem Jahr 1, in dem Christus geboren wurde. Wir leben im Jahr 2002 n. Chr.

Ägyptens erste Pyramide, die Stufenpyramide, wurde 2650 v. Chr. gebaut.

**2750-2250 v. Chr.
Altes Reich
(Dynastien III-VI)**

1670 v. Chr. führt das Volk der Hyksos den Pferdewagen ein.

**2025-1627 v. Chr.
Mittleres Reich
(Dynastien XI-XIII)**

Das Grab des Pharaos Tutanchamun aus dem Neuen Reich wurde 1922 entdeckt.

**1539-1070 v. Chr.
Neues Reich
(Dynastien XVIII-XX)**

**3100-2750
v. Chr.
Erste
Dynastien
(Dynastien I
und II)**

König Narmer, auch Menes genannt, vereint die beiden Reiche Ägyptens.

**2250-2025 v. Chr.
Erste Zwischenzeit
(Dynastien VII-X)**

Die Zivilisation der Ägypter entwickelt sich, es werden Götter für alle Lebensbereiche eingeführt.

**1648-1539 v. Chr.
Zweite Zwischenzeit
(Dynastien XIV-XVII)**

Erfindung des Wasserstandsanzeigers. Der Wasserstand des Nil war für die Ernten sehr wichtig.

**1070-653 v. Chr.
Dritte
Zwischenzeit
(Dynastien
XXI-XXV)**

Der Gott Re wird mit Amun gleichgesetzt und wird zu Amun-Re, dem König der Götter.

7 Die Geschichte des Alten Ägypten begann vor mehr als 5000 Jahren.

Die erste Epoche nannte man das Alte Reich. Damals wurden die großen Pyramiden errichtet. Ihm folgten das Mittlere Reich und später das Neue Reich.

◄ Pharao Pepi (2246-2152 v. Chr.) hatte die längste Regierungszeit der Geschichte: 94 Jahre. Er wurde schon mit 6 Jahren König.

▲ Dieser Wesir prüft die Kornsäcke, die von den Feldern gebracht werden. Gleichzeitig wartet ein Verbrecher auf seine Strafe. Die Wesire gehörten zu den mächtigsten Männern im ägyptischen Reich.

Königin Kleopatra war die letzte Herrscherin der Ptolemäischen Periode.

332-30 v. Chr. Ptolemäische Periode

8 Wesire waren mächtige Beamte, die dem Pharao beim Regieren des Landes halfen.

Jeder Herrscher bestimmte zwei Wesire, einen für Oberägypten und einen für Unterägypten. Jeder Wesir befehligte eine Gruppe königlicher Aufseher, und jeder Aufseher war für einen bestimmten Bereich zuständig, beispielsweise die Armee oder die Kornspeicher. Der Pharao jedoch stand über allen.

664-332 v. Chr. Spätzeit (Dynastien XXVI-XXXI)

332 v. Chr. erobert Alexander der Große Ägypten und gründet die berühmte Stadt Alexandria.

30 v. Chr.-395 n. Chr. Römische Zeit

30 v. Chr. erobert der römische Kaiser Oktavian Ägypten.

KAUM ZU GLAUBEN!
Die Bauern versuchten, die Steuereintreiber zu bestechen. Sie boten ihnen Ziegen oder Enten als Geschenk an, damit ihre Steuern verringert wurden.

Gewaltige Bauten

9 Die drei Pyramiden bei der Stadt Giseh sind mehr als 4500 Jahre alt. Sie wurden für die drei Könige Cheops, Chephren und Mykerinos errichtet. Der Bau der größten Pyramide dauerte mehr als 20 Jahre. Etwa 4000 Steinmetze und Tausende anderer Arbeiter waren nötig, um die Pyramide zu vollenden.

▶ Die Große Pyramide besteht aus mehr als 2 Millionen Kalksteinblöcken. Sie ist 140 Meter hoch – das ist mehr als die St. Paul's Kathedrale in London.

Totentempel

Pyramide des Pharaos Chephren

Pyramide der Königin

Pyramide des Pharaos Mykerinos

Aufweg

10 Die ersten Pyramiden hatten gestufte Seiten. Über diese Treppe sollte der Pharao nach seinem Tod zu den Göttern aufsteigen. Die erste Stufenpyramide wurde in der Wüste von Sakkara um 2650 v. Chr. erbaut.

▶ Die Stufenpyramide wurde auf Befehl des Pharaos Djoser gebaut. Sie ist die älteste Pyramide der Welt.

11 Die größte der drei Pyramiden von Giseh wurde als Grab für den Pharao Cheops errichtet. Gleich daneben ließ er drei kleinere Pyramiden für seine Hauptfrauen bauen. Das Boot, das den toten König vermutlich zu seinem Grab brachte, wurde in einer speziellen Grube neben der Pyramide begraben.

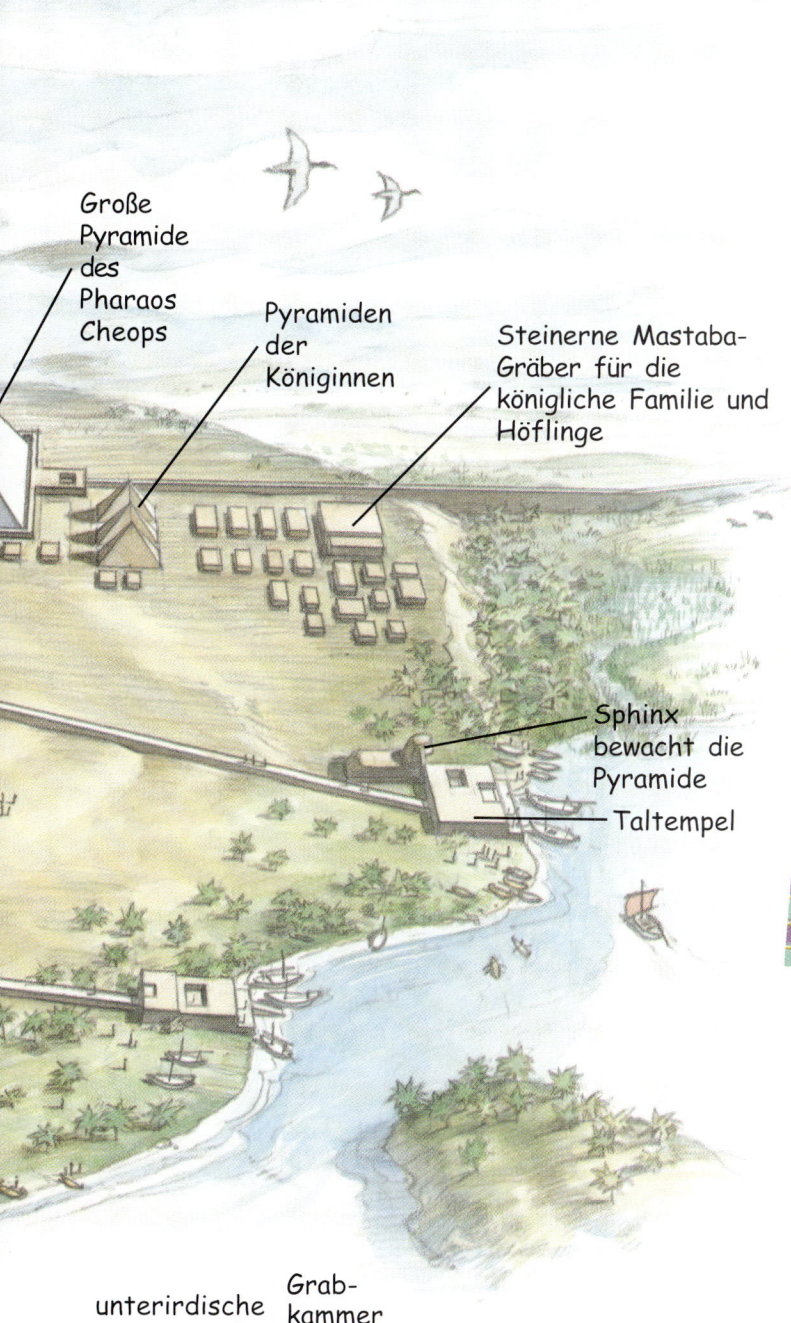

Große Pyramide des Pharaos Cheops

Pyramiden der Königinnen

Steinerne Mastaba-Gräber für die königliche Familie und Höflinge

Sphinx bewacht die Pyramide

Taltempel

unterirdische Kammer

Grab-kammer des Pharaos

Große Galerie

Grabkammer der Königin

Grab des Bootes

12 Die große Sphinx von Giseh bewacht den Weg zu den Pyramiden. Es ist eine gewaltige Steinstatue mit einem Löwenkörper und einem Menschenkopf. Ihr Gesicht trägt die Züge des Pharaos Chephren.

KAUM ZU GLAUBEN!

„Das Buch der vergrabenen Perlen" war ein spezielles Handbuch für Grabräuber. Es enthielt Einzelheiten über versteckte Schätze und Tipps zum Über-listen der Geister, die die Toten bewachten.

13 Grabräuber brachen in die Pyramiden ein, um die wertvollen Schätze zu stehlen. Um es den Räubern schwer zu machen, ließen die Baumeister dicke Türen aus Granit einsetzen und Irrgänge einbauen.

14 Im Inneren der Großen Pyramide gibt es zwei Grabkammern: eine für den Pharao und eine für die Königin. Die Kammer des Königs erreicht man über einen speziellen Gang, „Große Galerie" genannt. Ihre Decke ist 8 Meter hoch – das ist fast vier Mal so hoch wie ein normales Zimmer. Nachdem der Leichnam des Königs in die Grabkammer gebracht worden war, wurde der Eingang mit Steinblöcken zugemauert.

Erhabene Wesen

15 Die alten Ägypter verehrten mehr als 1000 verschiedene Götter und Göttinnen. Der wichtigste von allen war Re, der Sonnengott. Die Menschen glaubten, dass er jeden Abend von der Himmelsgöttin Nut verschluckt wurde. In der Nacht reiste er durch die Unterwelt und wurde am nächsten Morgen neu geboren.

◄ Der Sonnengott Re wurde später mit dem Gott Amun verbunden. So entstand Amun-Re, der neue König der Götter.

16 Die Götter wurden oft in Tiergestalt oder als Menschenkörper mit Tierkopf dargestellt. Die Zeichnung zeigt einige bekannte Gottheiten, deren Symbol Tiere waren. Sobek war der Gott des Flusses Nil. In Becken bei seinen Tempeln wurden Krokodile gehalten. Bastet war die Göttin der Katzen, der Musiker und Tänzer. Wenn eine Hauskatze starb, legte man sie in einen katzenförmigen Sarg und beerdigte sie auf dem Katzenfriedhof der Stadt. Der Mondgott Thoth wird meist mit dem Kopf eines Ibis abgebildet, manchmal auch mit einem Paviankopf. Die alten Ägypter glaubten, dass die Hieroglyphenschrift von ihm stamme.

Bastet

Sobek

Thoth

17 Osiris war der Gott der Toten und der Herrscher der Unterwelt. Die alten Ägypter glaubten, dass die Toten ins Reich der Unterwelt reisten, das unter der Erde lag. Osiris und seine Frau Isis waren die Eltern des Gottes Horus, der den Pharao beschützte.

Isis

Osiris

Horus

QUIZ I

1. Wer wurde in der Großen Pyramide begraben?
2. Beschreibe die Krone von Oberägypten.
3. Was ist ein Wesir?
4. Welcher Pharao regierte 90 Jahre lang?
5. Was ist eine Sphinx?

1. König Cheops 2. Eine flaschenförmige, weiße Krone 3. Ein mächtiger Regierungsbeamter 4. König Pepi 5. Ein Wesen mit Löwenkörper und Menschenkopf

18 Anubis war zuständig für die Vorbereitung der Toten, die mumifiziert werden sollten. Diese Arbeit nennt man Einbalsamieren. Weil Schakale häufig um Friedhöfe streiften, hatte Anubis als Wächter der Toten die Gestalt eines Schakals. Ägyptische Priester trugen beim Vorbereiten der Mumien oft Anubis-Masken.

19 Ein Pharao namens Amenhotep IV. änderte seinen Namen in Echnaton, nach dem Sonnengott Aton. Während seiner Herrschaft wurde Aton zum König aller Götter erklärt und der Pharao verehrte nur ihn.

Anubis

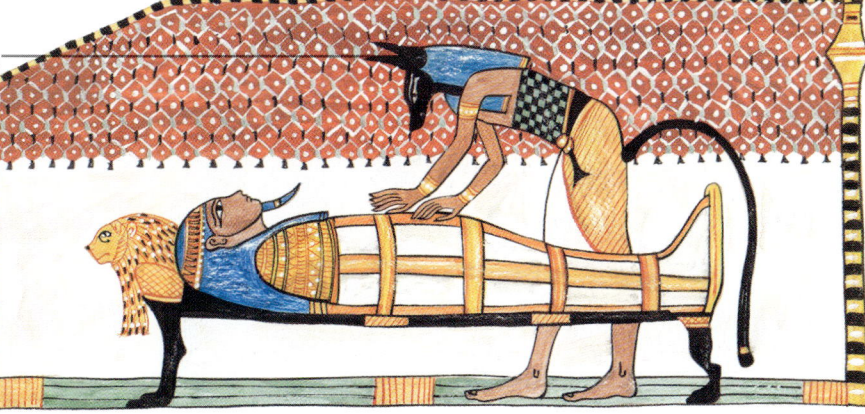

Gräber und Tempel

20 Von etwa 2150 v. Chr. an wurden die Pharaonen nicht mehr in Pyramiden beerdigt, sondern im Tal der Könige. Das war ein abgelegener, von hohen Felsen umgebener Ort am Westufer des Nil, gegenüber der Stadt Theben. Einige der Gräber wurden in den Fels gehauen, andere tief unter der Erde gebaut.

▲ Räuber schleppten alles aus den Gräbern fort: Gold, Silber, Edelsteine, Möbel, Kleidung, Keramik – manchmal sogar den Leichnam des Königs.

21 Auch in den Königsgräbern befanden sich Schätze, die Grabräuber anlockten. Obwohl der Eingang zum Tal der Könige bewacht war, plünderten die Räuber im Lauf von 1000 Jahren alle Gräber – bis auf eins. Das war das Grab des jungen Königs Tutanchamun. Es war geöffnet, teilweise geplündert und wieder versiegelt worden.

▲ Die massive Goldmaske des Tutanchamun wurde im Tal der Könige gefunden. Das Grab wurde erst vor etwa 80 Jahren entdeckt.

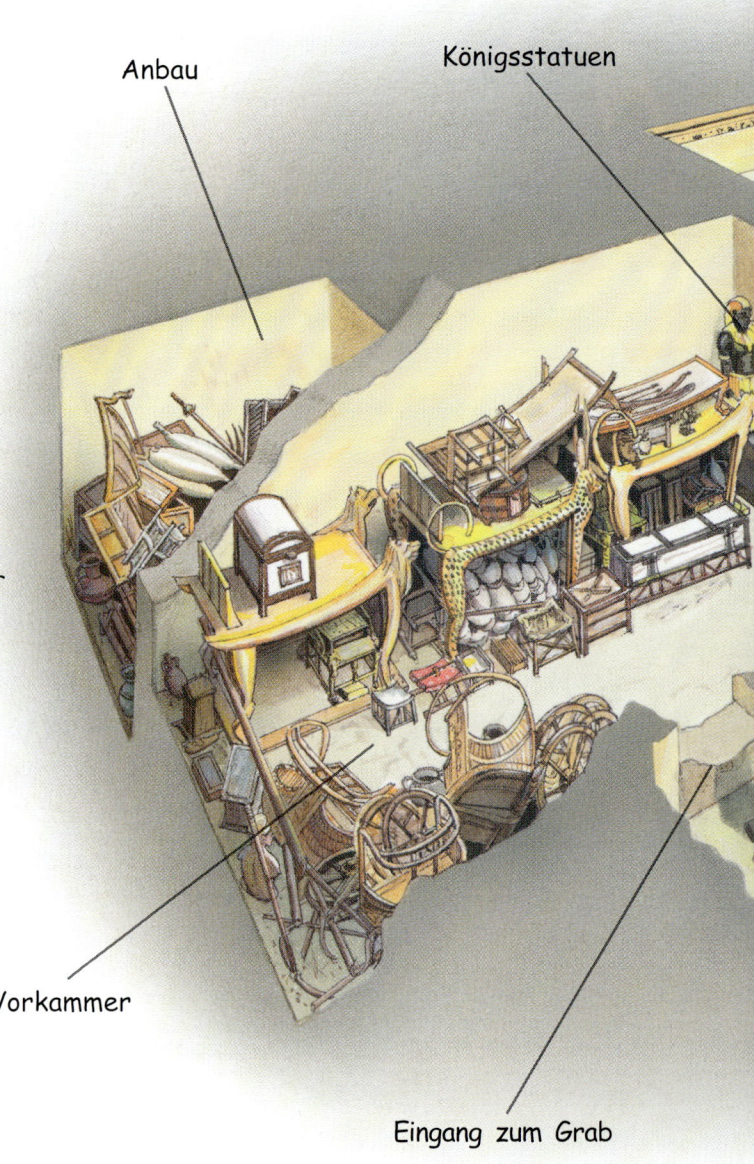

Anbau

Königsstatuen

Vorkammer

Eingang zum Grab

22 1922 entdeckte der Archäologe Howard Carter das Grab des
Tutanchamun. Ein Archäologe ist ein
Forscher, der nach historischen Gegenständen sucht. Der Körper des Tutanchamun lag in drei Mumiensärgen und
einem Sarkophag (Steinsarg), dieser
wiederum in vier hölzernen Schreinen.

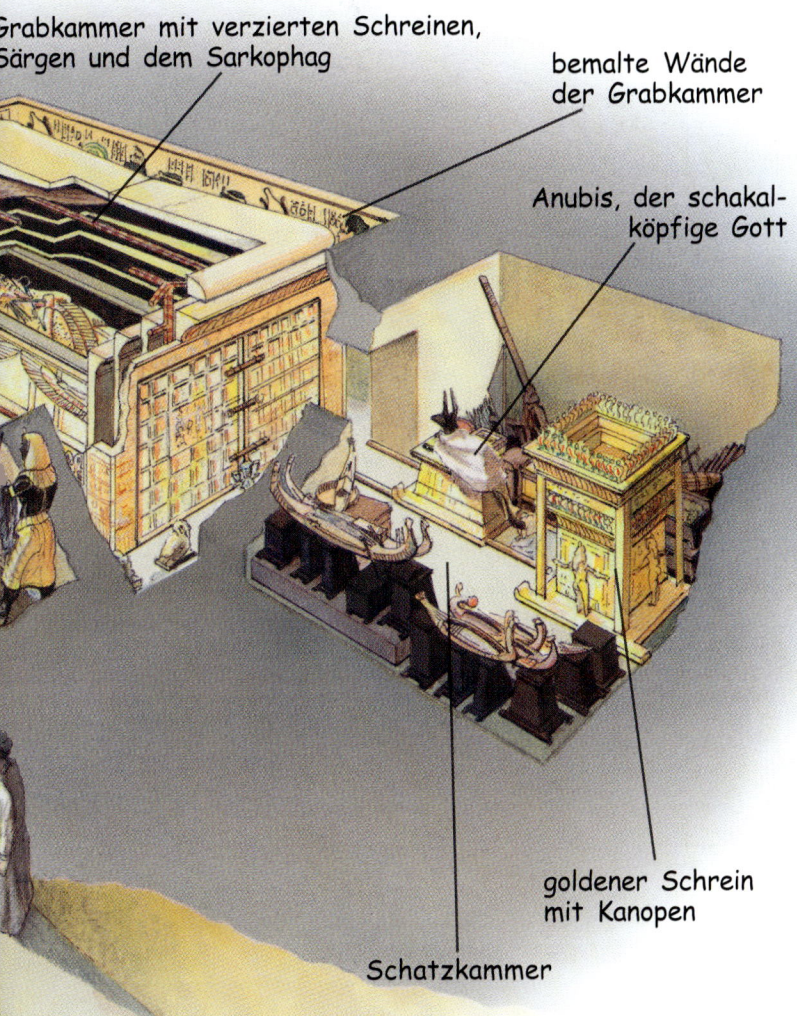

Grabkammer mit verzierten Schreinen,
Särgen und dem Sarkophag

bemalte Wände
der Grabkammer

Anubis, der schakal-
köpfige Gott

goldener Schrein
mit Kanopen

Schatzkammer

Nach fünf Jahren archäologischer Forschung fanden
Carter und sein Sponsor Lord Carnavon schließlich das
Grab des Tutanchamun. Carnavon starb vier Monate,
nachdem er das Grab zum ersten Mal betreten hatte.
Manche Menschen meinten, dass auf dem Grab ein
Fluch gelegen habe. In Wirklichkeit starb Carnavon an
einem infizierten Mückenstich.

23 Die alten Ägypter bauten
prächtige Tempel zu Ehren ihrer
Götter. Priester herrschten über die
Tempel und deren Schätze und Ländereien.
Viele der schönsten Tempel waren
Amun-Re, dem König der Götter, geweiht.

24 Der Tempel von Abu Simbel
im Süden Ägyptens ist aus Sandstein
gehauen. Er wurde auf Befehl von
Ramses II. erbaut. Er ist so ausgerichtet,
dass jedes Jahr am 22. Februar und am
22. Oktober die ersten Sonnenstrahlen
genau durch den Eingang scheinen und
die Götterstatuen im Inneren anleuchten.

▲ Vier mächtige Ramses-Statuen bewachen den Eingang
des Tempels von Abu Simbel. Jede ist über 20 Meter
hoch.

Riesige Steinblöcke

25 **Jeder Steinblock, der zum Bau der Großen Pyramide benutzt wurde, wog so viel wie eineinhalb ausgewachsene Elefanten.** Mit Kupfermeißeln und Sägen formten die Arbeiter die Steine, ehe sie auf Holzschlitten zum Grund der Pyramide gebracht wurden.

Die fertigen Pyramiden bekamen einen leuchtend weißen Anstrich, der die Steine schützte.

Hölzerner Schlitten zum Transport der Steinquader.

Während der Arbeit unter der heißen Wüstensonne mussten die Arbeiter regelmäßig mit Wasser versorgt werden.

Die gewaltigen Steine mussten mit Stangen genau in die richtige Lage gehebelt werden.

Bis zu 2 Millionen Steinblöcke waren zum Bau der Pyramiden nötig, und die Arbeit dauerte bis zu 20 Jahre.

Gruppen von Arbeitern mussten die Steine die Rampen hinaufziehen.

Manche Forscher glauben, dass die Steine nicht über Rampen gezogen, sondern mit riesigen Hebeln an ihren Platz gehievt wurden.

26 Um die Steine in größere Höhen zu befördern, baute man Rampen aus Erde und Lehmziegeln. Wenn eine Schicht Steine verlegt war, mussten die Rampen verlängert werden, damit die Arbeiter die nächste Schicht bauen konnten.

KAUM ZU GLAUBEN!

Imhotep, der Baumeister der Pyramide in Sakkara, war außerdem noch Wesir, Arzt, Schriftsteller, Hohepriester und Dichter. Der beschäftigte Mann diente unter vier verschiedenen Königen.

Mumien

27 Das Mumifizieren war eine schwierige und mühevolle Aufgabe. Zuerst wurden Gehirn und innere Organe entfernt. Nur das Herz blieb im Körper. Dann bedeckte man den Körper mit Salz und ließ ihn bis zu 40 Tage lang trocknen. Danach wurde er gewaschen und ausgestopft, damit er in Form blieb. Dann wurde er eingeölt und in Leinenbinden gewickelt.

Der zuständige Priester trägt eine Schakal-Maske, das Symbol für den Gott Anubis.

Hunde-Mumie

Katzen-Mumie

Die inneren Organe werden in Kanopen aufbewahrt. Jedes Gefäß steht für einen Gott.

Ein Amulett wird als Glücksbringer mit eingewickelt.

28 Auch Tiere wurden mumifiziert. Manchen Adligen gab man die Mumien ihrer Lieblingskatze mit ins Grab. Das Mumifizieren war sehr teuer. Darum konservierte man nur Tiere auf diese Weise, die man den Göttern schenken wollte. Archäologen entdeckten ein mumifiziertes Krokodil von über 4,5 Meter Länge.

29 Die inneren Organe wurden aus den Toten entfernt und in speziellen Gefäßen aufbewahrt. Magen, Darm, Lunge und Leber wurden herausgenommen und in getrennte Gefäße gelegt, die man „Kanopen" nennt.

Hölzerner Sarg
für den Körper

DEINE EIGENE PHARAONENMASKE

Du brauchst
eine Karnevalsmaske
(aus Plastik oder fester Pappe)
Bastelleim   einen Pinsel
Zeitungen   Plakafarben
weiße Farbe

Nimm eine preis-
werte Karnevals-
maske und bestreiche
sie mit einer dicken
Schicht Leim. Dann
bedecke die Maske mit
gerissenen Streifen aus Zeitungspapier
und lass alles gut trocknen.
Grundiere die Maske mit weißer Farbe.
Nach dem Trocknen bemale sie mit
Plakafarben wie eine Totenmaske. Wenn
du keine Goldfarbe hast, kannst du auch
Goldflitter in die feuchte Farbe streuen.
Gut trocknen lassen.

30

Über das Ge-
sicht der Mumie legte
man eine Maske. Die
alten Ägypter glaubten,
dass die Maske dem Geist
des Toten dabei half, später
„seinen" Körper zu erken-
nen. Die Totenmaske eines
Pharaos war mit Gold und
Edelsteinen verziert.

31

War die Mumie fertig für die Beerdigung,
wurde sie in einen speziellen Sarg gelegt. Manche
Särge waren einfache Holzkästen, andere waren wie die
Mumie geformt und reich verziert. Die Mumien von
Königen, Adligen und anderen bedeutenden Personen
legte man in Steinsärge, die auch „Sarkophag" heißen.

Kriege und Feinde

32 Die Fußsoldaten trugen Schwerter und Speere aus Metall, dazu Schilde aus Holz oder Rinderfell. Später schützten sie ihren Körper mit Rüstungen aus Lederstreifen.

33 Speziell ausgebildete Soldaten schossen von Pferdewagen aus mit Pfeil und Bogen. Jeder Wagen trug zwei Männer und wurde von zwei Pferden gezogen. In der Zeit des Neuen Reiches (vor etwa 3500 Jahren) halfen diese neuen Kriegswaffen den Ägyptern, verschiedene feindliche Armeen aus dem Land zu vertreiben.

▲ Im Neuen Reich wurde in Ägypten eine Armee aus speziell ausgebildeten Berufssoldaten eingesetzt. Sie trugen stabile Schilde und einen langen, tödlichen Speer.

▲ Das Volk der Hyksos drang von Osten nach Ägypten ein und eroberte das Land allmählich. Die Hyksos brachten Wagen mit, die von Pferden gezogen wurden. Die Ägypter bauten diese Wagen nach und benutzten sie, um die Hyksos zu besiegen und zu vertreiben.

34 Während der Herrschaft von Ramses III. wurde Ägypten von den Seevölkern angegriffen, die von den nordöstlichen Küsten des Mittelmeers kamen. Ramses schickte eine Flotte Kriegsschiffe gegen sie.

▼ Ramses III. vertrieb drei verschiedene Angreifer, darunter die Seevölker. Für die Schlacht gegen die Seevölker setzte er Kriegsschiffe ein.

Steuerruder

verzierter Bug (Rammsteven)

Antriebsruder bei Windstille

▼ Um 1700 v. Chr. eroberten die Hyksos Unterägypten. Sie drangen nicht bis Theben vor, sondern machten Auaris zu ihrer Hauptstadt.

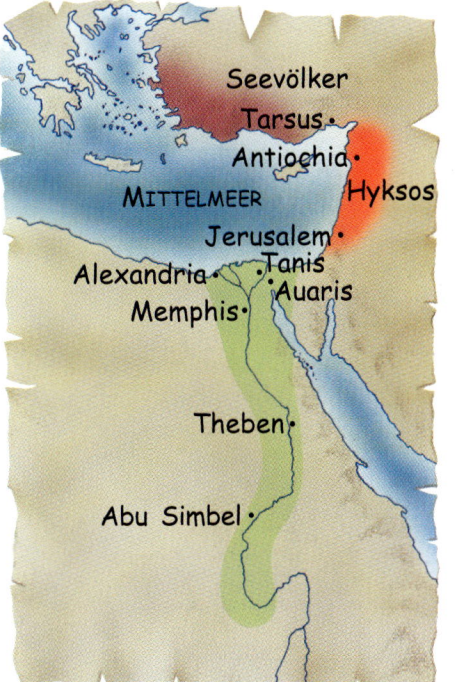

Seevölker
Tarsus•
Antiochia•
MITTELMEER   • Hyksos
Jerusalem•
Alexandria•   •Tanis
          •Auaris
Memphis•
Theben•
Abu Simbel•

35 323 v. Chr. übernahm der griechische General Ptolemäus Ägypten. Er war der erste Herrscher der Ptolemäischen Zeit. Während dieser Epoche wurde Alexandria am Mittelmeer zur Hauptstadt des Landes und zu einem wichtigen Zentrum der Kunst und Kultur.

Das Feuer brannte ständig, um die Schiffe zu warnen.

▶ Über dem großen Hafen von Alexandria ragte ein gewaltiger Leuchtturm auf. Es war der erste Leuchtturm der Welt und eins der sieben Weltwunder der Antike. In der Stadt gab es auch ein Museum und eine Bibliothek mit 500 000 Büchern.

36 Um 1700 v. Chr. eroberte das Volk der Hyksos Teile Ägyptens und herrschte dort 200 Jahre lang. Die Hyksos brachten Pferde, Pferdewagen und Waffen mit, die die Ägypter später nutzten, um ihr Reich zurückzuerobern.

KAUM ZU GLAUBEN!
Soldaten, die tapfer in einer Schlacht gekämpft hatten, erhielten goldene Fliegen-Medaillen – weil sie die Feinde zum Abschwirren gebracht hatten.

Tausch und Handel

37 **Die ägyptischen Händler verwendeten kein Geld.** Stattdessen tauschten sie Waren mit anderen Händlern. Kaufleute bereisten die Länder an der Mittelmeerküste und auch die Länder im Süden. Die Ägypter boten für deren Waren Gold, Papyrus (eine Art Papier) und Vieh an.

▲ Diese ägyptischen Arbeiter tragen Olivenöl zum Markt. Dort angekommen, können sie es gegen etwas eintauschen, das sie brauchen, vielleicht Nahrung oder Kleidung.

38 **Die Kaufleute brachten aus dem Land Nubien, das südlich von Ägypten lag, exotische Waren mit.** Dazu gehörten Leopardenfelle, Elefantenstoßzähne, Straußenfedern – und Sklaven. Eines der wichtigsten Zentren für den Tauschhandel war die Stadt Kerma am Nil gleich jenseits der ägyptischen Grenze.

Die Goldminen im Osten sorgten für den Reichtum Ägyptens. Durch sie war es lange Zeit das reichste Land der Antike.

39 Die Ägypter trieben Handel mit Syrien, dem Libanon, Palästina, Zypern und verschiedenen afrikanischen Ländern. Die Händler brachten Silber aus Syrien mit, Zedernholz, Öl und Pferde aus dem Libanon, Kupfer aus Zypern, den Edelstein Lapislazuli aus Afghanistan, Elfenbein aus Zentralafrika.

KAUM ZU GLAUBEN!

Fliegenklatschen aus Giraffenschwänzen waren im Alten Ägypten groß in Mode.

Die Ägypter reisten in das Land Punt, um Weihrauch zu holen. Wir wissen heute nicht genau, wo dieses Land lag, aber wir wissen, dass es für die Ägypter ein fernes und aufregendes Land war.

40 Beim Verkauf wurden die Waren mit einer Waage und speziellen Kupfergewichten, die man „Deben" nannte, gewogen. Man konnte einen Gegenstand gegen sein Gewicht in Kupfer eintauschen. Ein Bett war beispielsweise 25 Deben wert. Auch Gold- und Silberstücke wurden gewogen und als Zahlungsmittel benutzt.

Das Jahr der Bauern

41 **Das Jahr der Bauern bestand aus drei Jahreszeiten: der Nilschwemme, der Wachstumszeit und der Ernte.** Viele Menschen waren Bauern, aber von Juli bis November konnten sie ihr Land nicht bestellen, weil es vom Nilhochwasser überschwemmt war. Dann arbeiteten sie beim Bau der Pyramiden und Königspaläste.

42 **Jedes Jahr im Juli trat der Nil über die Ufer.** Wenn das Wasser abfloss, blieb an den Ufern ein etwa 10 Kilometer breiter Streifen aus schwarzem Schlamm zurück. Außer diesem fruchtbaren Streifen war alles Sand.

44 **Mit einem Gerät, das man „Schaduf" nennt, schöpften die Bauern Wasser aus dem Fluss.** Es ist eine lange Stange, die auf einem Holzgestell liegt. An ihrem einem Ende hängt ein Holzeimer, am anderen ein Gewicht. Man kann ein Schaduf allein bedienen.

Oft legten die Steuereintreiber fest, wie reich eine Person war und wie viel Vieh sie besaß.

43 **Weil es in Ägypten so selten regnete, mussten die Bauern ihre Felder bewässern.** Sie gruben Kanäle rings um ihre Felder und leiteten das Nilwasser um. So konnten sie während der ganzen Wachstumszeit ihre Pflanzen versorgen. Noch heute werden die Felder auf diese Weise bewässert.

Auf die Felder Ägyptens fiel fast nie Regen. Ohne das Wasser des Nil hätten die Bauern nichts anbauen können.

45 Um den Boden zur Aussaat vorzubereiten, benutzten die Bauern Pflüge, die von Ochsen gezogen wurden. Sie hatten auch Hacken aus Holz. Die Samen wurden von Hand gesät. Das Getreide mähte man mit Holzsicheln, die eine Schneidekante aus Stein hatten.

46 Das Mähen war nur der Anfang der Erntearbeiten. In einer Dreschkammer schlugen die Arbeiter auf die Ähren, um die Körner aus den Schalen zu lösen. Dann mussten die Schalen von den Körnern getrennt werden. Dazu warf man das Getreide in die Luft und fächerte die leichten Schalen weg. Die schwereren Körner fielen wieder auf den Boden. Sie konnten nun aufgesammelt und in die Kornspeicher gebracht werden.

47 Weizen und Gerste (für Brot und Bier) waren die wichtigsten Feldfrüchte der Ägypter. Sie pflanzten aber auch Wein (für Wein) und Flachs (zur Herstellung von Leinen) an. In dem fruchtbaren Boden wuchsen viele Obst- und Gemüsesorten: Datteln, Feigen, Gurken, Melonen, Zwiebeln, Erbsen, Porree und Salat.

KAUM ZU GLAUBEN!

Die Ägypter bauten keine Vogelscheuchen, sondern heuerten Jungen an, um die Vögel zu vertreiben. Sie mussten eine laute Stimme haben und gut mit der Steinschleuder umgehen können.

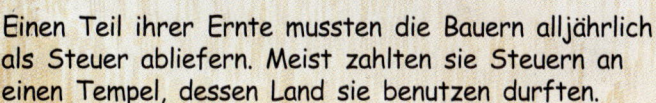

Erntearbeiter trennen das Getreide von der Spreu.

Einen Teil ihrer Ernte mussten die Bauern alljährlich als Steuer abliefern. Meist zahlten sie Steuern an einen Tempel, dessen Land sie benutzen durften.

48 Ägyptische Bauern hielten Rinder, Ziegen, Schafe, Enten und Gänse. Einige besaßen Bienenvölker und stellten Honig her, den man zum Süßen von Gebäck und anderen Speisen benutzte.

Transport und Verkehr

49 Die wichtigsten Transportmittel des Alten Ägypten waren die Nilschiffe. Der Nil ist der längste Fluss der Erde. Er durchfließt das gesamte Wüstenland Ägypten.

50 Die ersten Boote bestanden aus Papyrushalmen. Sie wurden mit einer langen Stange vom Grund abgestoßen. Später ersetzten Holzboote die Papyrusschiffe.

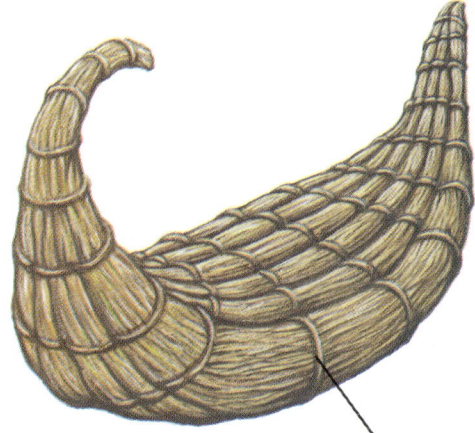

Die ersten Boote bestanden aus verschnürten Papyrusbündeln.

Das Alte Ägypten

Mittelmeer

Alexandria · · Tanis

Nildelta

Giseh · · Memphis

Sakkara ·

El-Amarna ·

Tal der Könige · · Karnak
Theben · · Luxor

· Assuan

UNTER-NUBIEN

Abu · Simbel

OBER-NUBIEN

Kerma · · KUSCH

Rotes Meer

Blauer Nil

Weißer Nil

▲ Der Nil ist insgesamt etwa 6670 Kilometer lang. Im Süden verzweigt er sich in zwei Arme, den Blauen Nil und den Weißen Nil.

51 Ein kunstvoll geschnitztes Boot wurde gebaut, um den toten König Cheops zu seiner Beerdigung zu bringen. Es war über 43 Meter lang und bestand aus Zedernholz. Das Boot wurde neben der Pyramide begraben.

▼ Die Kabine auf dem Boot des Königs Cheops war mit geschnitzten Blüten und anderen traditionellen Motiven geschmückt. Lederstreifen hielten die Planken zusammen.

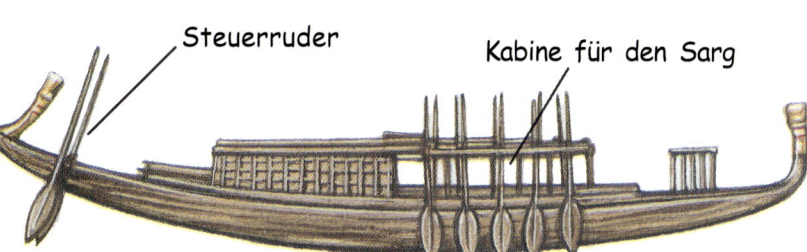

Steuerruder

Kabine für den Sarg

QUIZ 2

Wie gut kennst du die Götter und Göttinnen? Weißt du die Namen?

1. Der Gott mit dem Schakalkopf, der sich um die Toten kümmert.

2. Er wird jeden Morgen neu geboren.

3. Katzen haben diese Göttin besonders gern.

4. Dieser Gott hat ein Maul voll scharfer Zähne.

1. Anubis 2. Re 3. Bastet 4. Sobek

52 Hölzerne Boote transportierten auch die Kalkstein-Blöcke für den Bau der Pyramiden und Tempel über den Fluss. Der Kalkstein kam aus Steinbrüchen am Ufer, das den Pyramiden gegenüberlag. Der Granit für die Innenräume der Pyramiden hatte einen weiteren Weg: Er stammte aus Steinbrüchen in Assuan, 800 Kilometer flussaufwärts.

Solche einfachen Holzboote waren für die großen Bauvorhaben unentbehrlich.

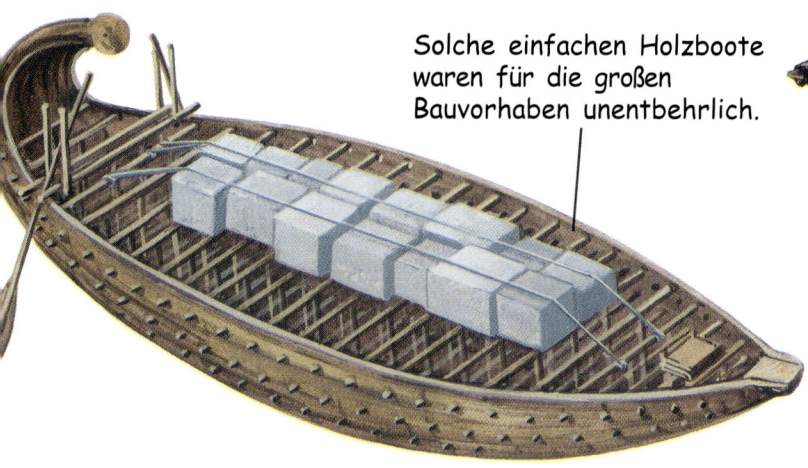

53 Hölzerne Handelsschiffe wurden durch eine Kombination aus Segeln und Rudern vorangetrieben. Mit breiten Frachtkähnen transportierte man Vieh über den Fluss. Die Tiere standen während der Überfahrt an Deck.

Volk und Familie

54 Das Volk des Alten Ägypten war in drei Schichten eingeteilt: die Oberschicht, die Mittelschicht und die Unterschicht. Königsfamilie, Beamte, Priester und Priesterinnen, Schreiber und Ärzte bildeten die Oberschicht. Die Mittelschicht bestand aus Händlern und Handwerkern. Die größte Gruppe war die Unterschicht: die ungelernten Arbeiter.

◄ Den Aufbau der ägyptischen Gesellschaft kann man sich wie eine Pyramide vorstellen. An der Spitze steht der Pharao, ganz unten die Masse der ungelernten Arbeiter.

Wesire und Priester

Schreiber und Adlige

Handwerker und Tänzerinnen

Einholen der Ernte von den Feldern

Landarbeiter beim Sieben von Korn

55 Der Mann war der Vorstand der Familie. Starb ein Vater, erbte sein ältester Sohn das Land und das Vermögen der Familie. Auch die ägyptischen Frauen hatten Rechte. Sie konnten Land besitzen und Handel treiben. Frauen aus reichen Familien konnten sogar Ärztin oder Priesterin werden.

Ägypten, Altes Reich   Ägypten, Mittleres Reich   Ägypten, Neues Reich

▲ Diese drei Karten zeigen das Herrschaftsgebiet während der drei Reiche.

Memphis
Theben

Memphis
Theben

Memphis
Theben

56 Die meisten Ägypter lebten an den Ufern des Nil oder im Flusstal. Als das Reich mächtiger wurde, breitete es sich am Fluss und an der Mittelmeerküste aus. Auch an den Oasen, den Wasserstellen in der Wüste, entstanden Siedlungen.

57

Reiche Familien hatten mehrere Diener, die als Kindermädchen, Koch oder Gärtner arbeiteten. In größeren Häusern bewohnten die Diener ihren eigenen Bereich abseits von den Räumen der Familie.

▲ Das Familienleben spielte im Alten Ägypten eine wichtige Rolle. Paare durften Kinder adoptieren, wenn sie selbst keine bekommen konnten.

58

Hunde und Katzen waren die beliebtesten Haustiere. Die Ägypter hielten auch Affen und zahme Tauben. Einige lehrten ihre Affen, auf Bäume zu steigen und die reifen Früchte zu pflücken.

59

Kleine Kinder spielten mit Spielzeug aus Holz und Ton. Besonders beliebt waren geschnitzte Tiere – oft mit beweglichen Teilen – und Kreisel, Steckenpferde, Puppen und Lehmbälle. Spiele wie Himmel und Hölle oder Tauziehen waren auch schon bekannt.

KAUM ZU GLAUBEN!

Reiche Ägypter wollten auch nach dem Tod Diener haben. Man gab ihnen kleine Tonfiguren mit ins Grab, die man „Uschebti" nennt. Sie sollten im nächsten Leben lebendig werden und sich um ihren toten Herrn kümmern.

Zu Hause

60 **Ägyptische Häuser bestanden aus Lehmziegeln, die in der Sonne getrocknet waren.** Der Schlamm wurde aus dem Nil geholt und mit Stroh und Kieselsteinen gemischt. Palmenstämme trugen die flachen Dächer. Innen waren die Wände verputzt und oft auch bemalt. Reiche Familien wohnten in Häusern mit mehreren Stockwerken, arme hatten nur einen einzigen Raum.

◄ Eine Mischung aus Schlamm, Stroh und Steinchen wird in hölzerne Formen gegossen und dann zum Trocknen in die Sonne gestellt.

61 **In den meisten ägyptischen Häusern gab es auch einen Schrein (Altar),** wo die Familie den Gott des Hauses verehrte.

Der zwergenhafte Gott Bes war der Beschützer der Kinder und des Hauses.

62 **Die Ägypter statteten ihre Häuser mit Sesseln, Stühlen, Tischen, Truhen und Betten aus geschnitztem Holz aus.** Besonders beliebt waren niedrige Hocker mit drei oder vier Beinen. Auf dem Boden lagen Schilfmatten.

63 **Reiche Familien lebten in geräumigen Landhäusern.** Diese Villen hatten Fischteiche und Obstgärten.

Als Teppiche verwendeten die Ägypter Matten aus geflochtenem Papyrus.

64 Ihre Speisen bereiteten sie in einem Lehmofen oder über offenem Feuer zu. In den meisten Küchen gab es einen röhrenförmigen Ofen aus gebrannten Lehmziegeln, der mit Holz oder Kohle geheizt wurde. Man benutzte Keramiktöpfe mit zwei Griffen.

QUIZ 3

1. Warum begruben die Ägypter ein Boot neben ihrem Pharao?
2. Welches innere Organ ließ man in der Mumie?
3. Wer war Howard Carter?
4. Warum hatten die Bauern zwischen Juli und November nichts auf ihrem Land zu tun?

4. Weil der Nil die Ufer überschwemmte.
Grab des Tutanchamun entdeckte.
konnte. 2. Das Herz. 3. Der Forscher, der das
1. Damit er es im nächsten Leben benutzen

Senet war ein beliebtes Brettspiel im Alten Ägypten. Forscher vermuten, dass es dem Mensch-ärgere-dich-nicht ähnelt.

65 Für die Beleuchtung sorgten Keramiklampen mit einem Behälter für Öl und einem Docht aus Baumwolle oder Flachs. Die Häuser hatten gar keine oder nur sehr kleine Fenster, dadurch war es drinnen recht dunkel. Es blieb aber auch schön kühl, weil das grelle Sonnenlicht nicht eindringen konnte.

66 Im Alten Ägypten aß man mit den Fingern. In reichen Familien brachten die Diener zwischen den Gängen Wasserkrüge, damit man sich die Hände waschen konnte.

Kleidung und Schmuck

67 Die Ägypter trugen Amulette, die ihnen Glück bringen oder sie vor bösen Geistern schützen sollten. Eins der beliebtesten Amulette war das wachsame Auge des Horus. Kinder trugen Amulette in Fischform, die sie vor dem Ertrinken im Nil schützen sollten.

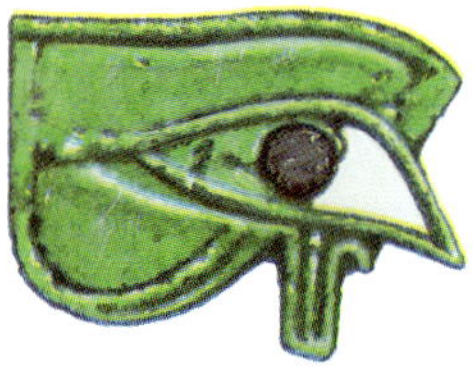

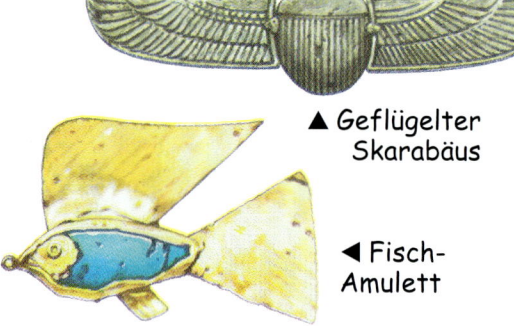

◄ Die Ägypter glaubten, dass das Auge des Horus alles schützte, was hinter ihm lag. Bei der Verteidigung des Throns hatte der Gott Horus ein Auge verloren, das auf magische Weise nachgewachsen war.

▲ Geflügelter Skarabäus

◄ Fisch-Amulett

Perücke und Kasten

Schminkkasten

68 In Ägypten schminkten sich die Männer und die Frauen die Augen. Dazu benutzten sie Khol, ein Pulver, das mit Öl angerührt wurde. Sie glaubten, dass das Khol Augenkrankheiten heilen könne. Die Ägypter benutzten auch Schminke für Wangen und Lippen, Puder für das Gesicht, Farbe für Fingernägel und Haare.

69 Die meisten Kleidungsstücke bestanden aus Leinen in hellen Farben. Die Frauen trugen lange Kleider und oft Umhänge mit vielen Falten. Die Kleider adliger Frauen bestanden aus feinem Stoff und waren mit Perlen bestickt. Die Männer trugen Tücher aus Leinen, die sie um die Hüften schlangen.

▶ Zu diesem feinen, langen Kleid gehört ein durchsichtiger Umhang. Mit solcher Kleidung wurde es den Ägyptern auch bei heißem Wetter nicht zu warm.

DEIN EIGENES HORUS-AMULETT

Du brauchst

selbsthärtende Modelliermasse

ein Stück Lederband oder Kordel

einen Bleistift Plakafarben

einen Pinsel Klarlack

Knete die Modelliermasse weich und forme daraus ein Horus-Auge. Setze ein Extrastück für die Pupille auf. Forme auch einen Aufhänger, befestige ihn und stich mit dem Bleistift ein Loch hinein.

Lass die Modelliermasse trocknen. Male sie in bunten Farben an und lass wieder alles trocknen. Dann klar lackieren. Nach dem letzten Trocknen das Lederband durchfädeln – fertig!

70 Reiche Ägypter trugen Perücken aus Menschenhaar oder Schafwolle, die sie in besonderen Kästen oder auf Ständern aufbewahrten. Die Mädchen trugen Zöpfe, die Jungen hatten oft rasierte Köpfe.

Perücken

Kamm

Haarnadeln

Kamm

▲ Die kunstvollen Perücken aus langen Haaren brauchten viel Pflege. Die Ägypter verwendeten dazu Kämme aus Holz oder Elfenbein. Manchmal benutzten sie auch Werkzeuge für Locken.

71 Sandalen wurden aus Papyrus und anderen Schilfarten hergestellt. Reiche Leute, Höflinge, Könige und Königinnen trugen gepolsterte Ledersandalen. Schuhe waren Luxus, die meisten Leute gingen barfuß. Sogar auf die Füße von Mumien malte man bunte Sandalen.

▼ Ledersandalen

▼ Schilfsandalen

Backen und brauen

72 **Brot war im Alten Ägypten das wichtigste Nahrungsmittel.** Nach der Ernte wurde das Getreide in großen Speichern aufbewahrt. Die Ägypter tranken auch gern Bier. Es war dickflüssig und musste durch ein Sieb gegossen werden, ehe man es trinken konnte. Auch den Toten gab man kleine Braukessel-Modelle mit ins Grab.

▼ Ein Fest war eine große Angelegenheit. Reiche Leute leisteten sich die besten Speisen und Getränke, Diener, Musiker und Tänzer.

73 **Aus Weizen oder Gerste backte man ein grobes Brot.** Es nutzte die Zähne der Ägypter stark ab, weil es oft Sand und kleine Steinchen enthielt. Das haben Forscher entdeckt, die die Zähne von Mumien untersucht haben.

EINLADUNG ZUM BANKETT

Bei den Festen der reichen Ägypter wurden vielerlei Speisen serviert. Es gab Fleisch, wie Gans, Ente, Gazelle und Kranich, frisches Obst und Gemüse, süßes Gebäck und dazu jede Menge Bier und Wein aus Trauben oder Datteln.

Stell doch einmal ein leckeres Menü zusammen und zeichne eine schön verzierte Speisekarte.

Harte Arbeit

74 Schreiber waren sehr wichtige Menschen im Alten Ägypten. Diese gebildeten Männer schrieben alles auf. Sie führten Buch über die Materialien, die für Bauwerke verwendet wurden, aber auch über die Mengen an Vieh und Getreide, die für die Königsfamilie, die Regierung und die Tempel eingetrieben wurden.

◄ Nur die Söhne eines Schreibers konnten die harte Ausbildung für diesen Beruf aufnehmen, die im Alter von neun Jahren begann.

75 In den Bibliotheken des Alten Ägypten lagen Tausende von Papyrusrollen. Sie behandelten Themen wie Astronomie, Medizin, Geographie und Recht. Die meisten einfachen Ägypter konnten nicht lesen und schreiben. Die Bibliotheken wurden nur von gebildeten Menschen wie Schreibern und Ärzten benutzt.

76 Stell dir vor, das Alphabet hätte 700 Buchstaben. So viele Hieroglyphen mussten ägyptische Schulkinder lernen. Hieroglyphen waren die Schriftzeichen der Ägypter. Manche Zeichen standen für ganze Wörter, andere für einzelne Laute. Die Schulkinder lernten das Lesen und Schreiben der Hieroglyphen von den Schreibern.

▼ Handwerker stellten Statuen und Möbel für den Pharao her. Oft waren bestimmte Stadtteile für sie reserviert. Das Dorf Deir el-Medineh wurde extra für die Handwerker gebaut, die in den Gräbern im Tal der Könige arbeiteten.

77 **Die meisten Ägypter waren Handwerker oder Landarbeiter.** Zu den Handwerkern gehörten Tischler, Töpfer, Weber, Goldschmiede, Schuhmacher, Glasbläser und Parfüm-Hersteller. Viele verkauften ihre Waren in der Stadt. Der König und die Reichen sorgten dafür, dass sie genug zu tun hatten.

78 **Das typische Mittagessen eines Arbeiters bestand aus Brot und Zwiebeln.** Dazu aß er vielleicht noch eine Gurke und spülte alles mit einem Becher Bier hinunter.

QUIZ 4

Wie heißen diese Dinge des ägyptischen Alltags?

1. 2.

3. 4.

1. der zwergenhafte Gott Bes 2. eine Kanope 3. ein Kamm 4. ein Amulett

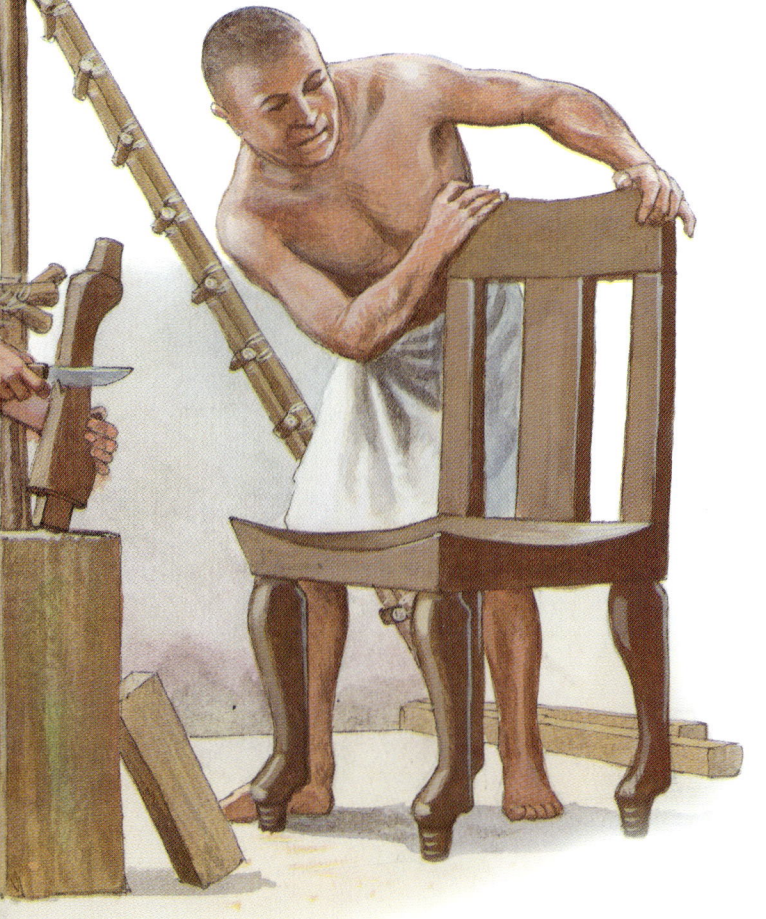

79 **Die Grundfläche der Großen Pyramide ist fast so groß wie fünf Fußballfelder.** Um solche Bauwerke zu errichten, wurden viele Steine benötigt. Die Ägypter bearbeiteten Kalkstein, Sandstein und Granit für ihre Bauten. In der umliegenden Wüste schürften sie nach Gold für die Verzierungen.

80 **Kriegsgefangene wurden oft zu Sklaven gemacht.** Einige Sklaven kamen auch aus den Nachbarländern Nubien und Kusch. Die Sklaven in Ägypten hatten es nicht nur schlecht. Sie konnten Land besitzen und Waren kaufen. Sie konnten sich auch freikaufen.

Kunst und Wissen

81 Viele ägyptische Gräber waren innen mit prächtigen Wandgemälden verziert. Oft stellten sie den Toten als jungen, gesunden Menschen dar. Die Ägypter glaubten, dass diese Bilder im nächsten Leben wieder lebendig würden.

Flachrelief

▶ Für Hochreliefs trug man den Hintergrund um ein Motiv herum ab. Bei Flachreliefs wurde nur das Motiv abgetragen.

Hochrelief

82 Die ägyptischen Bildhauer fertigten riesige Statuen ihrer Pharaonen und Götter. Oft wurden diese vor Gräbern oder Tempeln aufgestellt, um den Eingang zu bewachen. Plastische Wandbilder, so genannte Reliefs, wurden in die Wände von Tempeln und Gräbern gehauen. Oft zeigen sie den Toten in jungen Jahren, wie er sein Leben genießt. Wenn der Totengott Osiris die Toten und die Grabbilder und -reliefs zum Leben erweckte, sollten durch die Darstellungen die Freuden des Lebens zurückgebracht werden.

83 Die alten Ägypter kannten drei Kalender: einen Bauernkalender, einen astronomischen und einen Mondkalender. Der Bauernkalender hatte 365 Tage und drei Jahreszeiten von je vier Monaten. Der astronomische Kalender basierte auf Beobachtungen des Sterns Sirius, der alljährlich zu Beginn der Nilschwemme zu sehen war. Die Priester hatten einen Mondkalender, an dem sie ablasen, wann die Zeremonien für den Mondgott Chons stattfanden.

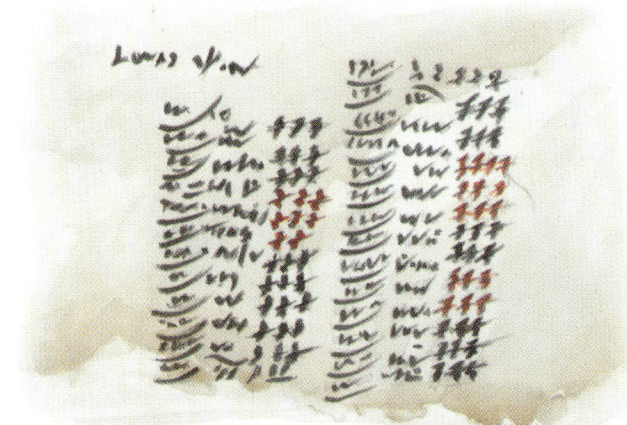

▲ Die Tage auf diesem Kalender sind in Schwarz und Rot eingetragen. Die schwarzen Tage sind normale, die roten sind Unglückstage.

◄ An den Grabmalereien arbeiteten mehrere Künstler. Ein junger Maler zeichnete die Umrisse der Figuren vor, ein älterer prüfte und berichtigte sie. Danach malten andere die Motive farbig aus.

84
Die Astronomen schrieben ihre Beobachtungen des Nachthimmels auf. Der ägyptische Kalender basierte auf den Bewegungen des Sirius, des hellsten Sterns am Himmel. Viele Tempel sind nach bestimmten Sternen oder nach der Sonne ausgerichtet.

KAUM ZU GLAUBEN!
Knoblauchzehen benutzte man auch zum Vertreiben von Schlangen und zur Bekämpfung von Bandwürmern im menschlichen Körper.

85
Ägyptische Ärzte konnten gebrochene Knochen richten, Fieber und verschiedene Krankheiten heilen. Sie verwendeten pflanzliche Heilmittel, wie Knoblauch und Wacholder. Sie kannten sich gut mit den wichtigsten Funktionen des menschlichen Körpers aus.

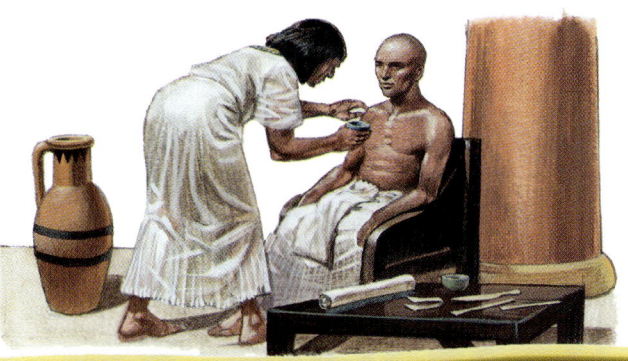

86
Die Ägypter erfanden ein Hilfsmittel, um den Wasserstand des Nil zu messen. In Abständen rammten sie Pfähle mit einer Mess-Skala ins Flussbett und konnten so beobachten, wie sich der Wasserstand zu Beginn der jährlichen Nilschwemme veränderte.

Vom Bild zum Wort

87 Die Ägypter hatten kein Papier, sie schrieben auf Papyrus. Dies wurde aus den hohen Schilfrohren hergestellt, die am Nilufer wuchsen. Zuerst kannte man Papyrus in langen Streifen, später banden die Ägypter ihn zu Büchern. Er ist sehr haltbar. Einige Blätter haben mehr als 3000 Jahre überlebt und sind noch heute erhalten.

88 Als Tinte verwendete man eine Mischung aus Wasser und Ruß, Holzkohle oder farbigen Mineralien. Die Schreiber schrieben mit angespitzten Schilfrohr-Federn.

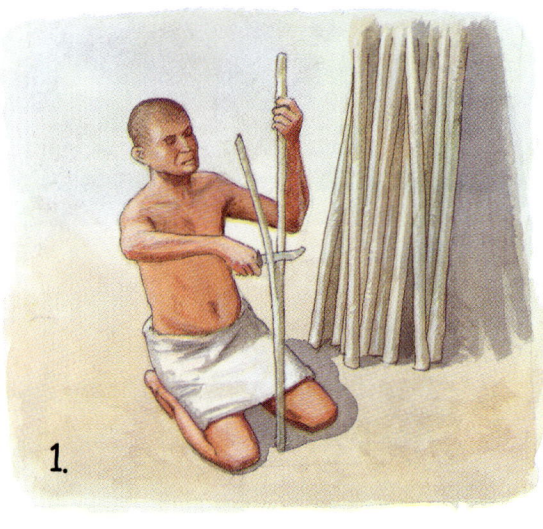

1. Papyrus war teuer, weil seine Herstellung lange dauerte. Zuerst mussten die Papyrushalme geerntet, gewässert und in viele lange Streifen geschnitten werden.

2. Dann wurden die Streifen nebeneinander in mehreren Schichten in Rahmen ausgelegt.

3. Mit Gewichten wurden die Papyrusstreifen gepresst. Dadurch wurde das Wasser herausgedrückt, die Streifen hafteten aneinander.

4. Wenn der Papyrus endlich trocken war, wurde er mit einem Stein glatt gerieben, sodass man darauf schreiben konnte.

89

1799 fand ein französischer Soldat in Ägypten den Rosette-Stein. Das ist eine große Steinplatte, in die drei verschiedene Schriften eingemeißelt sind: Hieroglyphen, demotische Schrift (eine einfachere Form von Hieroglyphen) und griechische Schrift. Alle drei Texte berichten von der Krönung des Königs Ptolemäus V. Durch Übersetzung des griechischen Textes konnte man erstmals die ägyptische Schrift entziffern.

90

Die Ägypter benutzten eine Bilderschrift, die man Hieroglyphen nennt. Jedes Schriftzeichen steht für ein Wort oder einen Laut. Das Bild eines Löwen steht beispielsweise für den Laut „l", ein Korb bedeutet „Herr". Insgesamt gibt es etwa 700 verschiedene Zeichen. Die Schreiber schrieben sie auf Papyrus oder meißelten sie in Stein.

91

Im 5. Jahrhundert v. Chr. berichtete ein griechischer Historiker namens Herodot über das Leben im Alten Ägypten. Er reiste durch das Land und beschrieb den Alltag der Menschen, ihre Religion und ihre Bräuche, wie das Einbalsamieren und Mumifizieren. Er schrieb sogar über die Katzen.

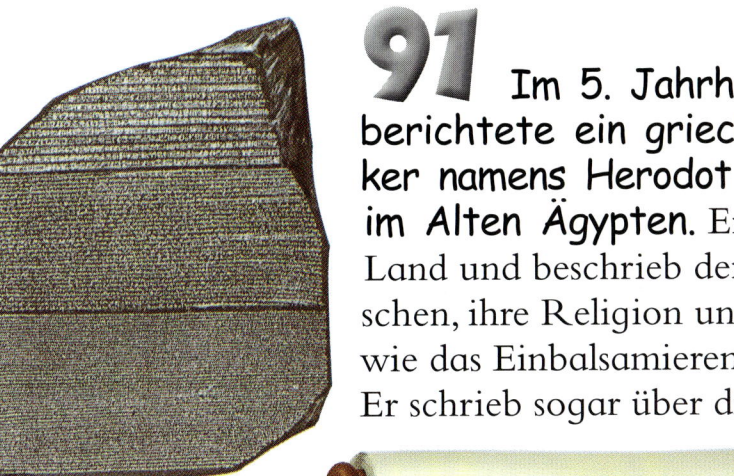

SCHREIBE DEINEN NAMEN IN HIEROGLYPHEN

Hier siehst du das Hieroglyphen-Alphabet. Ich habe meinen Namen in Hieroglyphen aufgeschrieben. Kannst du das auch?

K A R L

A B C D E F G H
I J K L M N O P
Q R S T U V W X Y Z

92

Die Schriftzeichen für Königsnamen schrieb man in einen ovalen Rahmen, die „Kartusche". Sie wurde in Säulen und Tempelmauern gemeißelt, auf Grabwände und Särge gemalt und auf offizielle Dokumente geschrieben.

Spiel und Sport

93 Die Nilpferd-Jagd war ein gefährlicher, aber beliebter Sport im Alten Ägypten. Die Jäger saßen in Schilfbooten und versuchten, mit Speeren und Seilen Nilpferde im Wasser zu töten. In der Wüste jagten die Ägypter Löwen, Antilopen, Büffel, Gazellen und Hasen. Zum Töten von Wasservögeln benutzte man eine Art Bumerang.

▲ Die Jagd war überwiegend dem Königshaus und den Höflingen vorbehalten. Amenhotep III. soll in nur 10 Jahren mehr als 100 Löwen getötet haben.

DAS SCHLANGENSPIEL

Du brauchst

ein Stück feste Pappe

einen großen Teller   einen Pinsel

Schere   Buntstifte

weiße Farbe   Spielmännchen

einen Bleistift   zwei Würfel

Leg den Teller auf die Pappe und male den Umriss nach. Schneide den Kreis aus. Male eine Seite weiß an und lass sie trocknen.

Zeichne in die Mitte der Pappe einen Schlangenkopf. Dann zeichne eine Spirale aus kleinen Kreisen (je etwa 2 cm groß) von der Mitte bis zum Rand. Male die Kreise bunt an, sodass sie ein Muster ergeben.

Jeder Spieler bekommt ein Männchen. Wer als Erster den Schlangenkopf erreicht, hat gewonnen.

94 Die Ägypter kannten verschiedene Brettspiele, von denen einige heute noch gespielt werden. Das Senet-Spiel stellte den Kampf zwischen Gut und Böse auf der Reise in das nächste Leben dar. Die Spieler warfen Stäbchen (ähnlich wie unsere Würfel). Je nachdem, wie sie landeten, bewegten sie ihre Figuren über das Spielbrett. Ein anderes beliebtes Spiel hieß „Hunde und Schakale".

Helden und Heldinnen

95 Ramses II. ließ mehr Tempel bauen als alle anderen ägyptischen Herrscher. Dazu zählen der große Steintempel in Abu Simbel und die Große Halle in Karnak. Er beendete auch den Totentempel von Sethos I. in Luxor. Nach seinem Tod trugen neun weitere Pharaonen den Namen Ramses.

▼ Die Große Halle in Karnak

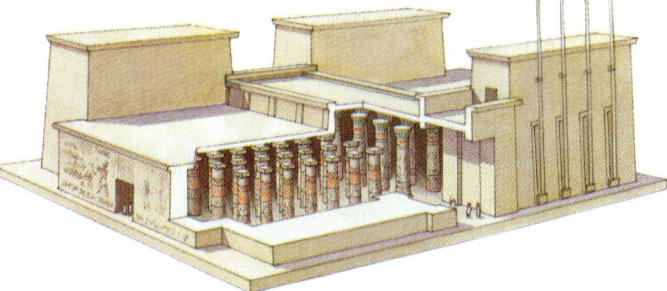

Lapislazuli ist ein leuchtend blauer Edelstein, den die Ägypter zur Verzierung der Särge reicher Persönlichkeiten verwendeten.

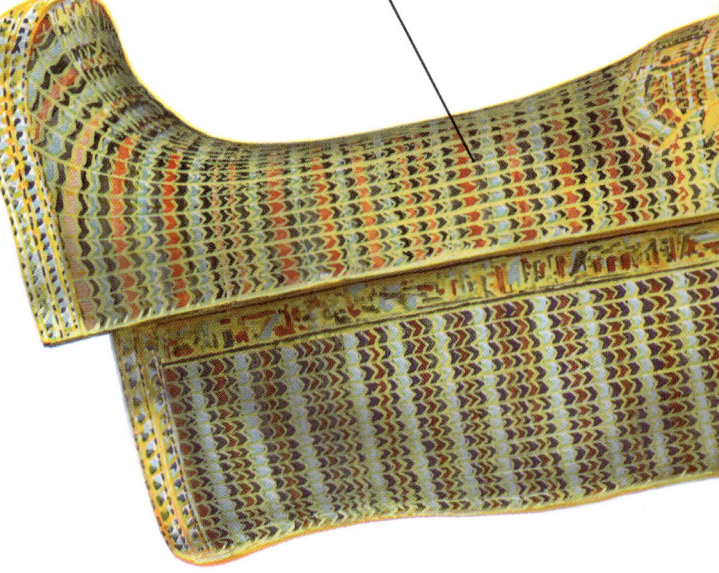

96 Königin Hatschepsut wird oft in Männerkleidern und mit einem falschen Bart abgebildet. Sie war die Frau von Thutmosis II. Bei seinem Tod wurde sie Pharaonin und trug die Zeichen des Herrschers: die Doppelkrone, den Krummstab, die Geißel (Peitsche) – und auch den zeremoniellen Bart.

▶ Während ihrer zwanzigjährigen Herrschaft schickte Hatschepsut eine Flotte von fünf Schiffen nach Punt an der Küste des Roten Meeres. Die Schiffe brachten Weihrauch, Kupfer und Elfenbein zurück.

Mark Anton   Kleopatra

97 Königin Kleopatra war eine der letzten Herrscherinnen des Alten Ägypten. Sie verliebte sich in den römischen Kaiser Julius Cäsar und heiratete später den römischen Feldherrn Mark Anton. Als 30 v. Chr. die Römer Ägypten eroberten, beging sie Selbstmord.

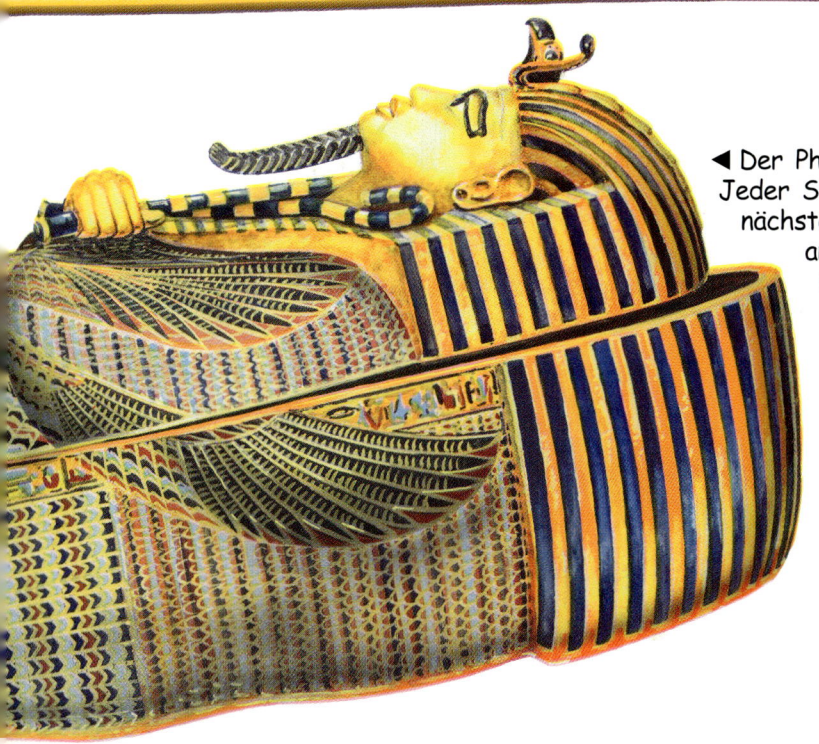

◄ Der Pharao Tutanchamun wurde in drei Särgen beerdigt. Jeder Sarg wurde so gebaut, dass er genau in den nächsten passte. Dies ist der mittlere Sarg. Wie die anderen besteht er aus Gold und ist außerdem mit dem Edelstein Lapislazuli verziert.

100 König Menes war der erste Herrscher des vereinigten Ägypten. Um 3100 v. Chr. schloss er Ober- und Unterägypten zu einem Reich zusammen. Menes wurde auch Narmer genannt. Archäologen haben eine Schieferplatte gefunden, die man „Narmer-Palette" nennt. Sie zeigt ihn in der Schlacht beim Sieg über seine Feinde.

Narmer-Palette

98 Tutanchamun ist wahrscheinlich der berühmteste Pharao. Sein Grab mit einem sagenhaften Schatz aus über 5000 Gegenständen wurde 1922 entdeckt. Tutanchamun war erst neun Jahre alt, als er Pharao wurde, und er starb mit 17 Jahren. Er wurde im Tal der Könige begraben.

99 Thutmosis III. war ein geschickter Feldherr, der das ägyptische Reich vergrößerte. Unter seiner Herrschaft eroberte die ägyptische Armee Gebiete in Syrien (Norden) und in Palästina (Osten). Thutmosis ließ einen gewaltigen Obelisken aus Granit anfertigen, der in Heliopolis aufgestellt wurde. Heute steht der Obelisk in London am Ufer der Themse.

QUIZ 5

1. Kennst du zwei Getränke, die in Ägypten beliebt waren?
2. Was ist eine Kartusche?
3. Was ist der Rosette-Stein?
4. Was ist Senet?
5. Warum war Königin Hatschepsut ungewöhnlich?

1. Bier und Wein 2. Ein ovaler Rahmen, in den der Name des Pharaos geschrieben wird 3. Der Stein, mit dessen Hilfe Forscher zum ersten Mal ägyptische Schrift entziffern konnten 4. Ein altes ägyptisches Brettspiel 5. Sie trug als Pharaonin den zeremoniellen Bart.

Register